Kurt Fleischner

GUTE-NACHT-GESCHICHTEN FÜR PAPAS

Satiren rund ums Kinder-zu-Bett-bringen

Illustrationen: Johanna Wegscheider
Umschlag & Satz: Erik Kinting
www.buchlektorat.net

Verlag:
Kurt Fleischner
Czeninplatz 4/14
A-1020 Wien

Druck: epubli
Ein Service der neopubli GmbH, Berlin

Inhalt:

Vorwort

Dies ist eine Sammlung von Gute Nacht-Geschichten für Eltern. Für Papas und für Mamas. Vor allem aber für Papas! Ich sehe nämlich überhaupt nicht ein, warum wir Papas unseren Kindern allabendlich Geschichten vorlesen und erzählen müssen, die für uns selbst ohne jeden Unterhaltungswert sind. Geschichten, die uns überhaupt nicht interessieren, unter anderem deshalb, weil keine Geschichten erzählenden Papas darin vorkommen.

Ich gebe es zu: Der Papa, von dem in den folgenden Geschichten die Rede sein wird, bin ich selbst. Und die Kinder, das sind meine Kinder: Sophie (4 Jahre), Anna (6 Jahre), Vanessa (11 Jahre) und Florian (12 Jahre) und die Mama, das ist meine wundervolle Frau Sissy.

Obwohl die Geschichten eigentlich vorwiegend für Papas gedacht sind, haben sich einige von ihnen zu absoluten Lieblingsgeschichten meiner Kinder entwickelt. Es wird darin die Rede sein von einem Papa, der oft zu müde ist, um seinen Kindern noch eine Gute Nacht-Geschichte zu erzählen und der sich weigert, „Rotkäppchen“ zum viertausendachthundertzwölftenmal vorzulesen. Der Bogen spannt sich von der Babykarotte, die sich in eine Killertomate verliebt und von der Lebensmittelpolizei verfolgt wird, bis hin zum Weihnachtsmann, der wieder einmal Streit mit seiner Frau Hilda hat. Vom Grafen Dracula wird ebenso die Rede sein wie von der „Sandmännchen-Beschwerdestelle". Und Ufo-Forscher, aufgepasst: Die Sammlung enthält auch eine „Außerirdische Gute Nacht-Geschichte".

Die Geschichten erzählen von den manchmal recht kindischen Gefühlen von Vätern und von der Weisheit und dem Fantasiereichtum unserer Sprösslinge, die mitunter zwar rechte Quälgeister sind, die wir aber um keinen Preis der Welt missen möchten.

Die Geschichte vom Rotkäppchen und dem lieben Wolf

„Erzähle uns eine Gute Nacht-Geschichte!“, ruft meine kleine Tochter Anna und ihre Stimme klingt bestimmt und erwartungsvoll. Sie sitzt aufrecht in ihrem Bett, neben ihr sitzt die kleine Sophie in ihrem „Lila-Katzen-Pyjama“ und versucht trotz beachtlicher Müdigkeit erfolgreich ihre Äuglein offen zu halten.

„Ok.“, seufze ich. Es ist nicht so, dass ich meinen beiden kleinen Töchtern nicht gerne Einschlafgeschichten erzählen würde, aber es ist gar nicht so einfach, sich täglich eine neue Geschichte auszudenken.

„Rotkäppchen!“, fordert Sophie. Rotkäppchen ist Sophies Lieblingsmärchen, das muss man wissen, und es würde ihr nichts ausmachen, wenn ich jeden Abend immer nur dieses Märchen erzählen würde. Ich habe jedoch neben Anna und Sophie noch zwei weitere Kinder, die sind schon etwas älter und hören nur mehr sehr selten Märchen und so habe ich Rotkäppchen schon mindestens EINHUNDERTDREIUNDFÜNFZIGTAUSENDDREIHUNDERTSIEBZEHNMAL erzählt und ich kann dieses Märchen einfach nicht mehr hören.

„Nein!“, sage ich deshalb, „Ich erzähle euch heute die Geschichte von…“

„Rotkäppchen!!!“, besteht Sophie knapp und ihre Stimme hat den mir wohl bekannten Klang, der so viel bedeutet wie: „Du erzählst mir jetzt diese Geschichte oder ich beginne auf der Stelle loszuheulen, und zwar für die nächsten siebeneinhalb Stunden, und da kannst du machen, was du willst…“

„Na gut“, gebe ich mich geschlagen. Wahrscheinlich wäre mir heute ja ohnehin keine andere Geschichte eingefallen. Wirklich einverstanden war ich ja nicht mit der Wahl, aber ich dachte, ich kann die Geschichte ja ein wenig verändern, ein wenig anders erzählen als sonst und auf diese Weise mein kreatives Potential ausleben, mit dem möglichen Erfolg, dass diese Geschichte nicht mehr so eintönig ist.

„Also“, beginne ich etwas trotzig, „es war einmal ein Mädchen, das putzte sich abends vor dem zu-Bett-gehen nie die Zähne…“.

„…das hat immer ein rotes Käppchen auf!“, verbessert mich Anna und ihre Stimme klingt äußerst verärgert, ja fast ein wenig bedrohlich.

„Ach ja!“, sage ich kleinlaut, „das hatte immer ein rotes Käppchen auf und deshalb wurde es von allen Rotkäppchen genannt. Eines Tages sagte die Butter zum Rotkäppchen…“ Ein vorwurfsvoller Blick trifft mich. „Die Mutter, natürlich…“, verbessere ich mich sofort und Sophie meint nur trocken:

„Du bist manchmal so blöd Papa, die Butter kann ja gar nicht sprechen!“

„Eben“, sage ich, „Also die Mutter sprach zum Rotkäppchen: Geh in den Wald und bringe der kranken Großmutter diesen Korb mit dem Kuchen und dem Wein, aber vertrödle keine Zeit und bleib` auf dem Weg und kauf dir kein Eis beim Zuckerlgeschäft an der Ecke, weil du warst verkühlt und gestern hast du noch gehustet…“

Meine beiden Töchter blicken mich verärgert an, aber sie übergehen diese Ausschweifungen gnadenhalber und ich kann ohne Unterbrechung fortsetzen. „Also ging Rotkäppchen in den tiefen, tiefen Wald. Nachdem es eine Weile gegangen war, traf es den lieben Wolf.“

„Lieben Wolf gibt`s nicht!“, protestiert Sophie. In Wirklichkeit wollte ich ohnehin nur testen, ob die beiden nicht schon eingeschlafen waren.

„Ach wo hab ich denn heute meine Gedanken nur? sage ich scheinheilig, „natürlich stand da der böse Wolf. Der überredete Rotkäppchen dazu, ein paar Blumen für die Großmutter zu pflücken und lief einstweilen zum Haus der Großmutter und verspeiste sie, denn gestern hatte es nur Karottensuppe gegeben, und die hat ihm überhaupt nicht geschmeckt. Als dann das Mädchen das Haus betrat…“, fahre ich schnell fort, bevor meine beiden Mädchen noch etwas einwenden können, „… und den Wolf im Bett als Großmutter verkleidet liegen sah, sagte sie: „Warum hast du so große Augen?“ „Damit ich dich besser hören kann!“ sage ich mit etwas verstellter Stimme.

„Damit ich dich besser s e h e n kann!“, korrigiert mich Sophie augenblicklich mit vorwurfsvoller Stimme.

„Und warum hast du so große Ohren?“

„Damit ich dich besser hören kann!“, mischt sich jetzt auch Anna ein. Auch sie ist noch nicht eingeschlafen.

„Und warum hast du so große Zehen?“

„Papa!“ Sophies Stimme klingt zwar noch immer anklagend, aber schon einigermaßen kraftlos. Sie ist offenbar kurz vor dem Einschlafen.

„Nachdem der Wolf auch das Rotkäppchen verspeist hatte (den spannendsten Teil der Geschichte habe ich einfach übersprungen) legte er sich hin und machte ein Mittagsschläfchen. Der Jäger, der zufällig vorbeikam und drinnen im Haus den Wolf schnarchen hörte, ging hinein und schnitt ihm den Bauch auf und heraus hüpften unversehrt und frohen Mutes die Großmutter, Rotkäppchen und die sechs Geißlein, die er in der gestrigen Gute Nacht-Geschichte verspeist hatte…“

„Großartig“, dachte ich, „das ist ein lustiges Ende. Heute hat mir meine Gute Nacht-Geschichte wieder einmal wirklich gut gefallen.“ Sophie und Anna sind weniger enthusiastisch, das Ende hatten sie überdies nicht mehr gehört, denn beide waren bereits eingeschlafen.

„Hallo, spricht dort die Sandmännchen-Beschwerdestelle...?“

Ich hatte gerade die Kinder zu Bett gebracht, hatte ihnen wie jeden Abend eine Geschichte erzählt und jetzt machte ich es mir – froh, wieder einen arbeitsreichen Tag hinter mich gebracht zu haben und auch die allabendliche Kinder-zu-Bett-bring-Prozedur einigermaßen problemlos und schnell bewältigt zu haben – auf der Couch bequem, lagerte meine Füße hoch und lehnte mich zufrieden zurück.

Jetzt begann für mich der Abend und ich konnte genüsslich und in Ruhe darüber nachdenken, wie ich ihn verbringen wollte. Sollte ich im TV-Programmheft Nachschau halten, ob es heute einen lohnenden Film geben würde, oder sollte ich es mir es mir einfach mit einem Buch und etwas zu essen auf der Couch bequem machen? Oder sollte ich meine geliebte Ehefrau Sissy fragen, ob sie mit mir eine Partie Monopoly spielt? Wissen Sie, meine Kinder sind lausige Monopoly-Spieler, ich aber liebe dieses Spiel über alles. Vielleicht sollte ich wirklich versuchen, Sissy zu überreden. Oder ich könnte sie vielleicht sogar dazu überreden, dass wir heute ausnahmsweise früher zu Bett gingen, wir konnten uns ja auch noch mit einem anderen Gesellschaftsspiel unterhalten, es musste ja nicht unbedingt ein Brettspiel sein, ich war sicher, uns würde da schon etwas einfallen.Oder sollte ich doch lieber fernsehen…?

Da öffnete sich die Türe und allen meinen Sorgen und Überlegungen bezüglich der Abendgestaltung waren jäh ein Ende bereitet. „Papa“, sagte Sophie, „ich kann nicht schlafen!“ Und sie sah wirklich bemitleidenswert aus wie sie da stand, in ihrem Pyjama und ihren in einer schauspielerischen Meisterleistung zusammen gekniffenen Augen, die sagen wollten: „Ich habe es eh´ probiert, wirklich!“

Ich nahm also den letzten Rest meiner väterlichen Geduld zusammen und fragte – während ich Sophie im Hinblick auf ihre schauspielerische Leistung um nichts nachstand – in einem durchaus liebevollen und geduldigen Ton: „Warum kann denn mein Hasilein nicht schlafen?“

„Ich weiß nicht“, entgegnete Sophie scheinheilig, „das Sandmännchen will einfach nicht kommen.“

„Ach so, das Sandmännchen will nicht kommen!“, sagte ich. Ich war ehrlich gerührt. „Naja, da müssen wir uns sofort beschweren. Ich werde gleich die Sandmännchen-Beschwerdestelle anrufen! Setz´ dich doch so lange auf die Couch, ja?“ Ich gab Sophie einen sanften Kuss auf die Stirn, ging zum Telefon und wählte eine Nummer. „Besetzt“, sagte ich. „Typisch, immer wenn man sich beschweren will ist es besetzt!“ Dabei blickte ich hinüber zu Sophie. Ich war neugierig, wie sie reagieren würde. Sophie wirkte gleichgültig. Meine Tochter schien mir nicht zu glauben! Das weckte nun natürlich meinen Ehrgeiz noch mehr.

„Ich werde es gleich noch einmal versuchen“, sagte ich bestimmt und wählte abermals. Und diesmal hatte ich tatsächlich mehr Glück! „Hallo, Sandmännchen-Beschwerdestelle? Na endlich, guten Abend! Hier spricht Kurt Fleischner, Sie wissen schon, der Vater von Sophie. Ich möchte mich beschweren. Sophie ist rechtzeitig wie immer zu Bett gegangen, aber das Sandmännchen ist immer noch nicht gekommen.“

Sophies Gesichtsausdruck hatte sich verändert. Die Gleichgültigkeit in ihren Zügen war wachsendem Interesse gewichen.

„Hallo, Fräulein, was sagen Sie? Ich verstehe Sie so schwer. Wie? Glatteis? Verkehrsunfall? Winterliche Fahrbedingungen? Es wird ihm doch nichts passiert sein? Nein! Na, Gott sei Dank! Sophie, das Sandmännchen hat einen Unfall mit dem Auto gehabt, aber es ist ihm nichts passiert. Es wird sich heute nur etwas verspäten...Was sagen Sie Fräulein, Sie müssen das Sandmännchen erst anfunken? Aha, ja, wir haben etwas Geduld. Aber Fräulein, das Sandmännchen soll dann als erstes gleich zu Sophie kommen, ja? Verstehen Sie, Sophie ist nämlich erst 4 Jahre alt. Sie benötigt ihren Schlaf! Ja, gut. Danke Fräulein und schöne Grüße an das Sandmännchen. Auf Wiedersehen".

Sophie wirkte tatsächlich erstaunt. Ihre großen, braunen Augen blickten mich fragend an. „Ja", sagte ich, setzte mich zu ihr und nahm sie in den Arm, „weißt du, Sophie, so etwas kann schon vorkommen. Habe ich dir zum Beispiel schon die Geschichte erzählt, als der amerikanische Weihnachtsmann an einem 24. Dezember abends einen Verkehrsunfall hatte? Er war mitten in Manhattan Ecke 45 Straße 3rd Avenue mit einem Taxi zusammengestoßen. Rudolph, eines seiner Rentiere, hatte sich dabei den Hinterlauf verletzt und so konnte Santa Claus die Geschenke erst am 26. Dezember austragen. Die amerikanischen Kinder waren – wie du dir sicher vorstellen kannst – sehr enttäuscht! Soll ich dir erzählen, wie sich das genau zugetragen hat?"

"Ach, nein", sagte Sophie gelangweilt, "Ich bin müde und gehe schlafen!"

"Ja, willst du denn gar nicht aufs Sandmännchen warten?"
"Schau Papa, ich kann doch meine Augen kaum mehr offen halten. Sag bitte dem Sandmännchen, wenn es kommt, dass ich müde war und dass ich schon eingeschlafen bin, ja? Und ich wünsche ihm eine baldige Besserung…" meinte Sophie noch gähnend, "und es soll aufpassen auf dem Nach-Hause-Weg! Gute Nacht!" Und dann trampelte sie hinaus in ihr Zimmer.

Ich war etwas enttäuscht. War meine Geschichte vom Weihnachtsmann wirklich so langweilig gewesen? Ich schlich ihr nach ins Zimmer, um nachzusehen, was sie trieb und konnte es kaum glauben: Sie war ins Bett gefallen und auf der Stelle eingeschlafen. Auch Sophies Schwester Anna schlief schon längst selig in ihrem Bettchen.

Nun, ich ging auch zu Bett. Was konnte man denn schon mit einem solchen Abend anfangen, an dem man nicht einmal seiner Lieblingsbeschäftigung nachgehen konnte: Dem Gute Nacht-Geschichten-Erzählen…?

Mamas Gute-Nacht-Geschichte

"Nein!", sage ich, "heute erzähle ich keine Gute-Nacht Geschichte! Erstens bin ich müde, zweitens erzähle ich euch jeden Abend eine Gute Nacht-Geschichte und drittens fällt mir nichts mehr ein. Heute ist einmal Mama dran…!"

"Mama?“, fragten die Kinder entgeistert. "Kann Mama denn auch Gute Nacht-Geschichten erzählen?"

"Ja, natürlich", sagte ich und blicke hinüber zu meiner wundervollen Frau Sissy. "Mama ist sogar die zweitbeste Geschichtenerzählerin auf der ganzen Welt, gleich nach eurem Papa, …äh, glaube ich wenigstens…"

"Schon gut", sagte Sissy, "Heute bringe ich die Kinder ins Bett."
Und wirklich: Sophie in ihrem "Rosa-Pünktchen-Pyjama" und Anna in ihrem "Grünem-Streifen-Nachthemd" trappelten Mama nach ins Kinderzimmer.

Na so etwas! Das hätte ich nicht gedacht. Mama kann tatsächlich Gute Nacht-Geschichten erzählen? Auf einmal war ich überhaupt nicht mehr müde. Ach, wie gerne wäre ich jetzt ein Mäuschen gewesen, wie gerne hätte ich jetzt eine Unsichtbarkeitspille geschluckt und wäre – ohne dass die Kinder und Sissy es gemerkt hätten – ins Zimmer geschlichen und hätte zugehört.

Ja und was, – fiel mir plötzlich ein – wenn Sissy wirklich schöne Gute Nacht-Geschichten erzählen konnte, schönere als ich? Vielleicht war sie gar nicht die zweitbeste Gute Nacht-Geschichten-Erzählerin der Welt, sondern die beste-? Jetzt hielt ich es nicht mehr aus. Ich schlich ganz leise hinüber ins Kinderzimmer.

"Pst!", hörte ich meine Tochter Anna sagen, "Weck die Mama nicht auf!" Und wirklich: Sissy lag in Sophies Bett, daneben saß Sophie und grinste mich an.

"Weißt du, Papa", sagte Anna, "Mama ist wirklich die zweitbeste Gute Nacht-Geschichten-Erzählerin der Welt. Ihre Geschichten sind sogar so toll, dass sie, wenn sie eine erzählt, selbst dabei einschläft...!"

Eine außerirdische Gute Nacht-Geschichte

Es war ein schwüler Sommerabend. Das Fenster zu Vanessas Zimmer stand offen. "Papa!" Vanessas Stimme klang vorwurfsvoll. "Den Kleinen erzählst du jeden Abend Gute Nacht-Geschichten und mir hast du schon so lange keine mehr erzählt." Ich musste gestehen, Vanessa hatte recht: Es war tatsächlich eine Weile her, als ich ihr das letzte Mal eine Einschlaf-Geschichte erzählt hatte. Vanessa ist meine "Erstgeborene", und als sie klein war, kam sie sehr oft in den Genuss meiner Geschichten. Ich erzählte ihr von den zahlreichen Abenteuern von "Vanessa-Teddybär", erzählte zirka siebentausend Mal ihr Lieblingsmärchen "Aschenputtel", las ihr jeden Abend aus Büchern vor oder erfand Geschichten für sie.

„Na gut!“, sagte ich, „heute erzähle ich dir wieder einmal eine Gute Nacht-Geschichte.“ Kaum ausgesprochen, hatte ich diese etwas vorschnelle Ankündigung auch schon wieder bereut. Immerhin: Vanessa war mittlerweile schon elfeinhalb Jahre alt und wenn eine Geschichte vor ihren kritischen Ohren Gnade finden sollte, musste es sich wohl um eine hyper-mega-super-affengeile und zudem außerirdisch coole Geschichte handeln. Worauf hatte ich mich da nur eingelassen?

Wie gesagt, es war ein schwüler Sommerabend und das Fenster zu Vanessas Zimmer stand offen. Da schwebte doch tatsächlich ein kleines, silbriges Raumschiff ins Zimmer. Es ähnelte einer Untertasse und war nicht mehr als etwa einen halben Meter lang. Es führte eine Punktlandung auf Vanessas Nachttisch durch und ihm entstieg ein etwa dreißig Zentimeter großes Männchen. Es war – wie wäre es auch anders möglich gewesen – von grüner Farbe und auch sonst den Zeichnungen der allseits bekannten Comic-Darstellungen nicht unähnlich.

„Guten Abend“, sagte das Männchen, „Ich heiße K2R und ich komme vom Planeten X32 im Planquadrat 5 der Galaxie Apfelsinus Centauri. Ich komme im Rahmen eines interstellaren Kulturaustauschprogramms.
Es ist uns zu Ohren gekommen, dass Sie gerne und mehr oder weniger gut Gute Nacht-Geschichten erzählen und ich möchte Ihnen vorschlagen, im Rahmen des vorhin erwähnten interstellaren Kulturaustausch-Programms einige Lichtjahre auf meinem Planeten zu verbringen, ich würde so lange hier die Stellung halten.“

"Mehr oder weniger gut?", dachte ich, „So eine Frechheit!"

Da hörte ich auch schon Vanessa sagen: "Einen Moment! Nicht so schnell, da haben wir auch noch ein Wort mitzureden. So einfach lassen wir unseren Papa nicht gehen. Wer sagt uns denn, dass du tatsächlich so gute Geschichten erzählen kannst wie unser Papa? Bevor wir Papa weglassen, musst du erst einmal mit einer Probegeschichte rüberwachsen".

"Ok", sagte K2R und erzählte die Geschichte vom Planeten "Gloster", der eigentlich ein Apfel war, der sich um sein eigenes Gehäuse drehte. Der Mond, der ihn begleitete, glich in Form und Farbe einer Banane.

Bevölkert war der Planet von Schlafwürmern. Worauf schon der Name hinwies, hatte der Schlaf einen besonderen Stellenwert in dieser Kultur und so war es üblich, sich tief in das Innere des Apfelplaneten zurückzuziehen, um ungestört vom Licht des Bananenmondes dem Schlaf zu frönen. Heute aber, so viel spürten die sensiblen Schlafwürmer, heute war irgendetwas Ungewöhnliches im Gange. Ein Spähtrupp von drei Schlafwürmern, der rekrutiert und zur Oberfläche des Planeten hinauf geschickt wurde, hatte wenig Mühe, sich nach einem kurzen Rundgang und einen Blick zum Abendhimmel davon zu überzeugen, dass der Bananenmond am Himmel fehlte. Kein Zweifel, jemand musste ihn vom Firmament gestohlen haben.

Pläne wurden geschmiedet, Beschuldigungen erhoben, kurz: Es war eine ordentliche Aufregung unter dem Volk der Schlafwürmer, die jedoch ein schnelles Ende hatte, als der Mond plötzlich wieder am Abendhimmel stand. Die Erklärung war: Es hatte sich um eine einfache Bananenmondfinsternis gehandelt. Dies war ein äußerst seltenes Ereignis, das sich immerhin nur alle 365 Jahre zutrug und das zudem in keiner der Aufzeichnungen der Schlafwürmer zu finden war. Überdies, bei einer durchschnittlichen Lebensdauer eines Schlafwurmes von 17 Tagen, war es nicht verwunderlich, dass diese über keine Kenntnis über das seltene Himmelsphänomen verfügten. Angesichts der kurzen Lebensdauer von 17 Tagen (was auch bedeutet 17 Nächte, im besten Fall) wollten die Schlafwürmer dem Ereignis keinerlei weitere Aufmerksamkeit beimessen und deshalb (wie gesagt, der Schlaf hatte in dieser Kultur eine besondere Bedeutung) zogen sie sich wieder ins Innere des Planeten zurück, um weiter zu schlafen.

"Eine äußerst schwache Geschichte!“, sagte Vanessa geringschätzig, „Also, wenn du keine besseren Geschichten auf Lager hast, behalten wir unseren Papa. Du kannst dir dein interstellares Kulturaustausch-Programm an den Hut oder sonst wohin stecken!“

„Na gut“, sagte K2R beleidigt, stammelte noch einige Silben in einer uns fremden Sprache, die wir für einen ost-marsianischen Dialekt hielten, stieg in sein Gefährt und verließ das Zimmer auf die gleiche Weise, wie er gekommen war. Sein Schiff entschwand silbern und glänzend am Sommerabendhimmel.

Ich war stolz und gerührt: Meine Tochter hatte mich nicht gegen ein x-beliebiges grünes Männchen eingetauscht, und sie hatte ja auch recht!
Seine Geschichte war wirklich nicht besonders. Andererseits: Wer weiß? Vielleicht wäre es eine interessante Reise geworden, die mir intergalaktischen Ruhm als Gute Nacht-Geschichten-Erzähler eingebracht hätte. Und Außerdem: So schlecht war seine Geschichte auch nicht. Wenn ich es noch einmal überdenke, so war sie sogar recht gut. Sehr gut sogar, ja mehr noch, sie hätte durchaus von mir stammen können…

Graf Dracula lässt grüßen…

Ich kann natürlich keine Sammlung von Gute Nacht-Geschichten verfassen, in der nicht in wenigsten einer Geschichte von Florian die Rede ist. „Siehst du,“ würde Florian dann sagen, „Ich habe es dir immer gesagt. Du bist ein richtig fieser Stiefvater, du liebst mich überhaupt nicht!“ Eine Behauptung, die im Übrigen ganz und gar erlogen wäre. Florian ist ein äußerst feiner und liebvoller Bub, einer, wie man ihn selten findet. Mein stiefväterliches Herz hat wirklich viel für ihn übrig.

Das heißt jedoch nicht, dass er mich nicht gelegentlich genauso nervt wie meine drei Töchter. Nein, das konnte er auch und vielleicht war gerade das der Grund, warum ich ihn fraglos als eines unserer vier Kinder ansah. Also: Wie soll ich Florian beschreiben? Er ist zwölfeinhalb Jahre alt und sein Lieblingsgedicht ist: „Der Florian ließ ein Stinkerl wehen, d'rum muss er jetzt im Winkerl stehen…“ Diesen Reim rezitierte er andauernd und unter fröhlichem und selbstgefälligen Gelächter, anstatt Schillers „Zauberlehrling“ auswendig zu lernen, wie er es eigentlich über die Weihnachtsferien als Hausaufgabe auf gehabt hätte.

Eines Abends nun bot sich Florian an, die jüngeren Geschwister in Bett zu bringen und ihnen, wie sie es gewohnt waren, eine Gute Nacht-Geschichte zu erzählen. Er selbst hatte ja bereits jegliches Interesse an Gute Nacht-Geschichten verloren, war er ja doch fast schon erwachsen. Es sein denn, die Geschichten hätten genaue Beschreibungen von Kämpfen mit Monstern und Vampiren und dergleichen beinhaltet. Gute Nacht-Geschichten wie sie Sophie und Anna erzählt bekamen, waren nichts mehr für ihn.

Ich nahm Florians Angebot dankend an, war ich doch müde und froh darüber, die Nachrichtensendung im Fernsehen einmal in Ruhe und ohne Störung ansehen zu können. Es war kurz vor acht Uhr, Florian kam - sichtlich mit sich und der Welt zufrieden – ins Zimmer. „Anna und Sophie schlafen schon!“ „Danke, Florian“, sagte ich, „das hast du gut gemacht!“

„Hast du nicht Lust, deiner Dankbarkeit in Form einer einmaligen finanziellen Aufbesserung meines kargen Taschengeldes Ausdruck zu verleihen?“, frage Florian beiläufig. Sein Engagement war mir schon von Anfang an verdächtig gewesen.

„An wie viel hast du gedacht?“ fragte ich mehr amüsiert als verärgert.

„Zwei Euro?" lautete Florians Gegenfrage. Ich griff nach meiner Geldbörse, da öffnete sich die Türe abermals: Anna und Sophie waren da.

„Papa", beschwerte sich Anna, „der Florian hat uns so eine grausliche Geschichte erzählt!".

„Ja!", sagte Sophie anklagend, „...von lauter Monstern und Vampiren!"

„Genau!", setzte nun Anna wieder die Verlesung des Anklageplädoyers fort, „und vom fürchterlichen Grafen Dracula, der den kleinen Kindern das Blut aussaugt. Und jetzt können wir nicht einschlafen. Jetzt musst du uns noch eine Geschichte erzählen, Papa!"

Ich blickte hinüber zu Florian. Der hatte einige Mühe seinen Ärger zu verbergen. Nicht nur, dass er unter diesen Umständen damit rechnen musste, in den letzten zehn Sekunden um zwei Euro ärmer geworden zu sein, es gab nämlich – ausgenommen vielleicht von Spinat – nichts, was er mehr hasste, als wenn seine jüngeren Geschwister wieder einmal gepetzt hatten.

Ich war einstweilen aufgestanden und ging mit meinen beiden Töchtern ins Zimmer. „Arme Kinder“, dachte ich, „mein roher Stiefsohne hatte sie mit seinen Geschichten offenbar wirklich geängstigt.“ Ich bemühte mich also eine Geschichte zu erfinden, die an Weichheit und Harmlosigkeit nichts zu wünschen übrig ließ. Ich erzählte von Feen und von Elfen, die auf der Traumwiese ein wunderschönes Fest feierten. Alle waren eingeladen: Die Marienkäfer und die Schmetterlinge und alle Blumenkinder. Ehrengast war die Biene Maja und sie sang so schön, dass die Mondblumen vor lauter Freude und Rührung dicke Tautropfen weinten. Und alle Gäste hatten so ausgelassen getanzt, dass sie schließlich ganz müde waren und sich hinlegten und 1-2-3 eingeschlafen waren. „So, Kinder. Und jetzt ist es auch für euch höchste Zeit einzuschlafen. Gute Nacht!“

„Gute Nacht, Papa!“, sagte Anna. „Danke für die Geschichte!“ „Gute Nacht!“, sagte die kleine Sophie. „Weißt du, Papa, deine Geschichte war heute langweilig. Die vom Florian war viel spannender!“

Gemüseallerlei

Wenn ich meine Kinder zu Bett bringe, erzähle ich natürlich nicht nur Geschichten. Bevor ich mit meinen Geschichten beginne, liegen wir meist noch eine Weile nebeneinander und verarbeiten gewissermaßen die Eindrücke des vergangenen Tages. Die Kinder erzählen dann allerlei wichtige Dinge, die am Tag vorgefallen sind, wie zum Beispiel: „Tanja ist heute vom Kindergarten schon wieder als erste abgeholt worden" oder „Anna nimmt mir, wenn wir malen, immer den roten Stift weg! Ich möchte auch einmal mit rot malen". Konfliktfreudig wie ich bin, lenke ich dann meistens ab, indem ich mir irgendwelche Fragen einfallen lasse über Dinge, die mich brennend interessieren. „Sophie, weißt du schon, als was du zum nächsten Faschingsfest gehen möchtest?"

„Ja, das weiß ich schon" ruft Sophie aufgeregt, „Ich gehe als Karotte!"

„Als Karotte?", frage ich erstaunt, „Wie stellst du dir denn das vor? Wie soll man denn ein Karottenkostüm kreieren? Genauso könntest du sagen: Ich gehe als Fisole, oder als Schnittlauch, wie stellst du dir denn das vor?"

„Ich will aber als Karotte gehen!“, besteht Sophie aufgebracht und mit unerschütterlicher Selbstsicherheit. „Das musst du dir mit Mama ausmachen“, entgegnete ich, „Mama ist die Kostümschneiderin in der Familie“.

„Papa, erzähle uns doch heute eine Gute Nacht-Geschichte, in der eine Karotte vorkommt!“

“Eine Karotte?“, stöhne ich und lasse mir dabei nicht anmerken, wie sehr ich derartige Herausforderung liebe. Also erzählte ich an diesem Abend die Geschichte von der Karotte Karoline Karotta. Die Geschichte handelte von einer Zeit, in der Karoline noch gewissermaßen eine Babykarotte war und beschrieb ihre Abenteuer, die sie schon in diesem zarten Alter zu bestehen hatte, um nicht im Gemüseeintopf zu landen. Kurz bevor ich zum Ende der Geschichte kam bemerkte ich, dass Sissy schon eine Weile in der Tür gestanden und zugehört hatte.

„Was erzählst du den Kindern denn für Blödsinn?“ fragte sie vorwurfsvoll.

„Sophie will zum Fasching als Karotte gehen“, versuchte ich mich zu verteidigen und den seltsamen Inhalt der Geschichte zu erklären.

„Ach hör auf!“, wischte Sissy meine Rechtfertigungen mit einer Handbewegung und einen ärgerlichen Blick einfach zu Seite. „Erzähl‘ den Kindern doch normale Geschichten wie Hänsel und Gretel oder Rotkäppchen und der böse Wolf!“ Es passierte immer wieder: Ich fühlte mich ertappt, in meinem Potential als Geschichtenerfinder nicht wahrgenommen und in meiner Kreativität nicht anerkannt. Ich beschloss beleidigt zu sein. Mit den Worten: „Na, dann erzähl doch du den Kindern eine „normale Geschichte!“ zog ich mich gekränkt in unser Schlafzimmer zurück.

In der darauffolgenden Nacht schlief ich nicht besonders gut. In meinen Träumen entkam Karoline Karotta *nur knapp einem Küchenmesser, schloss Freundschaft mit einer Killertomate und wurde von der Lebensmittelpolizei verfolgt. Übrigens: Sie haben es vermutlich schon erraten, Sophie ging am folgenden Fasching tatsächlich als Karotte. Meine Frau schneiderte ihr ein Karottenkostüm, das sich sehen lassen konnte. Und was für eine süße Karotte meine Tochter doch war! Zum Reinbeißen!*

Wie heißt die Frau vom Weihnachtsmann...?

Wir saßen – wie jedes Jahr – unter dem Weihnachtsbaum. Sissy, ich und unsere Kinder Vanessa, Florian, Anna und Sophie. Die Geschenke waren bereits ausgepackt, die Weihnachtsente hatte die Reise in unsere Mägen auch schon hinter sich und wir saßen noch ein wenig zusammen und plauderten.

„Erzähle uns doch eine Weihnachtsgeschichte", forderte Anna. „Ja", sagte Vanessa. Flo tat so, als würde ihn das nicht interessieren, wovon ich mich aber nicht im Geringsten beeindrucken ließ. Also nahm ich den Vorschlag sofort an.

Aber eine Geschichte erfinden, die für alle Kinder spannend und interessant sein könnte, das war nicht leicht. So eine Geschichte musste interessant und modern sein und dennoch von Weihnachten handeln. Das erfordert wohl einen Spezialisten. Gott sei Dank sind Papas wie ich solche Spezialisten. Also begann ich frisch von der Leber weg zu erzählen:

„Der Weihnachtsmann und die Weihnachtsfrau hatten wieder einmal gestritten", begann ich. „Ist denn der Weihnachtsmann denn verheiratet?", fragte Anna.

„Die Frau vom Weihnachtsmann heißt doch Frau Weihnachtsmann“, mischte sich mein kleiner, wichtigtuerischer Stiefsohn ein.

„Natürlich ist er verheiratet und natürlich heiß sie nicht Frau Weihnachtsmann sondern Weihnachtsfrau“, bestand ich, „und wenn ihr es genau wissen wollt, ihr eigentlicher Name ist Hilda.“ Die Sicherheit, mit der ich diese Behauptung aufstellte, beeindruckte alle, sogar meine Frau Sissy, fast hätte sogar sie mir geglaubt.

„Also wenn ihr mich dauern unterbrecht, kann ich ja nicht erzählen“, beschwerte ich mich. Sie haben es vielleicht schon bemerkt. Das Sich-beschweren, das habe ich von meinen Kindern gelernt. Die sind darin wahre Meister. Überhaupt ist das Sich-beschweren in unserer Familie ein äußerst wichtiger Kulturaspekt.

„Also, der Weihnachtsmann und die Weihnachtsfrau hatten wieder einmal gestritten…“

„Streiten die auch so viel wie Mama und du?“, wollte Anna wissen. Ein strenger Blick brachte das vorlaute kleine Wesen zum Schweigen. „Warum haben sie denn gestritten?“ wollte Sophie wissen.

„Na weil der Weihnachtsmann nie seine Stiefel abputzt, wenn er in die Wohnung kommt und weil im Vorzimmer dann immer eine riesige Lacke zurückbleibt, die sie dann weg wischen muss.“ schaltete sich meine wundervolle Frau Sissy ins Gespräch ein.

„Wirklich?“ fragte Anna und sah mich dabei eindringlich an. Ich war gerührt, Anna hatte in mir den Sachverständigen zum Thema Weihnachtsfrau erkannt, und der magisch-imaginative Wirkung meiner Erzählung konnte sich offenbar nicht einmal Sissy entziehen.

„Ja, was Mama sagt stimmt!“, sagte ich in einem bedeutungsschweren Expertenton und der größten Ernsthaftigkeit die ich zusammenbringe.

„Kennt sie auch den Weihnachtsmann?“, fragte Sophie.

„Ja, und wie ich ihn kenne!“, sagte Sissy und blickte mit einem festen Blick auf mich.

„Und warum zieht er seine Stiefel nicht vor der Türe aus, oder wischt die Lacke gleich weg?“ fragte Anna weiter.

„Das möchte ich auch gerne wissen!“ sagte Sissy noch bevor ich dazu komme, zu antworten.

„Na, weil er so müde ist….“ erklärte ich geistesgegenwärtig. „Wisst ihr denn eigentlich, wie viele Kilometer so ein Weihnachtsmann an einem Tag in seinem Schlitten zurücklegen muss? Er muss den ganzen Tag die Zügel der Rentiere halten, den Schlitten reparieren, wenn er kaputt ist, und alles tun, was Weihnachtsmänner eben so tun.

„Und essen!“, sagte Florian, damit sein Bauch rund und dick bleibt!“

„Genau, und essen“ bestätigte ich, „was glaubt ihr wie anstrengend das ist…“

„Und deshalb streiten die zwei?“ sagte Vanessa trocken. „Die sind ja genau so kindisch wie ihr!“ Dabei blickte sie Sissy und mich an, ich bin aber sicher, dass sie dabei Sissy noch ein bisschen mehr anblickte als mich…

„Erzähle endlich weiter!“, sagt Anna, „ich will jetzt endlich wissen, wie es weitergeht. Versöhnen sich der Weihnachtsmann und seine Frau wieder?“

„Der Weihnachtsfrieden hing also wieder einmal schief im Haus der Weihnachtsmanns. Und der Weihnachtsmann fühlte sich sehr verletzt.“

Meine Stimme klang voll Mitgefühl für den armen Weihnachtsmann und mein Blick fiel dabei – wie zufällig – auf meine Frau Sissy, um vielleicht eine mitleidsvolle Geste in ihrem Antlitz zu erhaschen.

„Dein Weihnachtsmann ist aber schon ein extremer Typ. Wegen so etwas ist er beleidigt?“, lästerte Florian. „Jetzt wirst du uns sicher gleich erzählen, dass er, wenn er die Geschenke bringt, dann die Kinder nicht mehr freundlich anschauen kann und mit seiner gutmütigen Stimme „hoho“ rufen kann, weil er die Kinder sonst verschreckt…?“

„Genau, du Neunmalklug!“ entgegnete ich, „Und der Weihnachtsmann überlegte deshalb seinen Job zu kündigen und nach Neuseeland auszuwandern. Dann würden die Kinder nie wieder Weihnachts-Geschenke bekommen! (Ha, jetzt hatte ich es meinem aufmüpfigen Stiefsohn aber gezeigt…!)“

„Und wie ist es weitergegangen?“, fragte Sophie mit einem ängstlichen Unterton in der Stimme.

„Nun ja“, sagte ich feierlich, „der Weihnachtsmann hat natürlich – wie immer – eine Lösung gefunden: Gutmütig wie er ist, gab er nach und machte Hilda folgenden, kommunikationstechnisch äußerst ausgefeilten Vorschlag: „Jeden zweiten Tag, also Montag, Mittwoch und Freitag darfst du schimpfen, Hilda, und ich höre dir zu und hole den Fetzen und wische sogar die Lacke auf. Aber Dienstag, Donnerstag und Samstag darf ich dir sagen, dass ich deinen strengen Ton nach so einem Tag nicht ertrage und darf dir erzählen, wie schlimm mein Tag war und du bedauerst mich ein wenig …“

„Wie ist er denn auf so eine tolle Idee gekommen?“ fragte Sissy. „In einem Konfliktbewältigungsseminar, das ihm die Weihnachtsmann-Gewerkschaft bezahlt hat. Und so haben die beiden es auch gemacht und der Weihnachtsfriede war gerettet…“

„Und Sonntag?“, fragte Vanessa.

„Sonntag haben die beiden Urlaub von dieser Vereinbarung und machen sich einen schönen Tag. Und wenn sie Lust dazu haben, dürfen sie sogar streiten.…“

Erwartungsvoll blickte ich in die Runde. Wie hatte meinen Kindern meine Weihnachts-Gute-Nacht-Geschichte gefallen? „Toll“, sagte Florian. Er glaubte natürlich längst nicht mehr an den Weihnachtsmann, aber das Ende der Geschichte hatte sogar ihn beeindruckt.

Anna und Sophie wirkten eher etwas verschreckt und verzweifelt. „Stimmt das denn wirklich, Papa…?“, fragte Sophie. Sissy und meine älteste Tochter Vanessa verdrehten die Augen, was so viel hieß wie: Schau was du schon wieder angestellt hast und wie du die Kleinen verschreckst. Du und deine blöden Gute Nacht-Geschichten!“

Der Weihnachtsabend war vorbei. Die Kinder lagen im Bett. Meine Frau Sissy und ich hatten es uns auf unserem Sofa gemütlich gemacht. Wir waren zufrieden. Sissy lehnte sich an meine Schulter. „Die Idee ist gar nicht so schlecht. Ich meine die Sache mit dem abwechselnd recht haben. Können wir das nicht auch machen…?“

„Wenn du es dir wünschst…“ sagte ich zärtlich. Mein Weihnachts-geschenk für sie war ohnehin nicht so üppig ausgefallen, weil ich nicht dazu gekommen war, ihr das Parfüm zu kaufen, das sie sich eigentlich gewünscht hatte.

„Also“, sagte ich, „fröhliche Weihnachten“. Und ich freute mich schon auf den nächsten Sonntag. Denn da konnten wir dann endlich wieder streiten….

„Mama, welche Haarfarbe hat die Gebärmutter...?“

Sie kennen das ja sicherlich: Es gibt ein Alter, da quälen uns unsere Kinder andauernd mit den verrücktesten Fragen. „Mama, welche Haarfarbe hat die Gebärmutter?“ fragte neulich Tobias, der Sohn meiner Freundin Gerlinde seine Mutter. Meine Kinder stellen meist nur vernünftige Fragen. Das macht es aber auch nicht leichter...

Dabei sollte ein Papa doch immer alles wissen, damit seine Kinder zu ihm aufschauen können. Wie schaffen es Kinder bloß immer, Fragen zu erfinden, die wir Erwachsenen nicht beantworten können? Ich habe den Verdacht, sie liegen nachts wach im Bett, um Fragen zu erfinden.

„Warum kann man beim Glas vom Fenster durchsehen?“ fragt Anna.

„Na ganz einfach, weil es durchsichtig ist!“

„Ja, aber warum?“

„Das hängt mit den Molekülen zusammen.“

„Was ist das, Moleküle?“ fragt Anna weiter.

„Weißt du Anna, das sind ganz kleine Teilchen, die sind ganz zwutschgi-winzig-klein“, sage ich und ich presse dabei meinen Zeigefinger gegen den Daumen, um es zu demonstrieren wie klein die sind, „und aus denen besteht das Glas“. Ha, denke ich mir, das habe ich jetzt endlich einmal gut hinbekommen, das habe ich jetzt lupenrein erklärt.

„Kann man durch Moleküle auch durchschauen…?“

„Ja natürlich“, sage ich im sichersten Ton, den ich zusammenbringe, obwohl ich natürlich keine Ahnung habe, ob man wirklich durch Moleküle durchschauen kann.

„Hat die Mauer auch Moleküle?“, lässt Anna nicht locker.

„Natürlich, alles hat Moleküle…“

„Papa, warum kann man dann durch die Mauer nicht durchschauen…“ holt sie schließlich zum vernichtenden Schlag aus;

„Und warum hat der Edamer Käse keine Löcher?“ kam da schon Annas nächste Frage. Ja kann sie mich denn nicht – wie jedes andere Kind – fragen, warum der Emmentaler Käse Löcher hat? Das hätte ich gewusst. Das hängt mit der Gärung zusammen. Aber warum der Edamer keine Löcher hat, was weiß denn ich, warum der eine Käse gärt und der andere nicht. Ich glaube, sie macht das absichtlich.

Ich bin sogar sicher: Es ist nicht der Wissensdurst, der Kinder solche Fragen stellen lässt, sondern es geht ihnen einzig und alleine darum, uns Erwachsene zu quälen und bloßzustellen. Wahrscheinlich tun sie nur so als wären sie eingeschlafen, wenn ich nach der abendlichen Gute Nacht-Geschichte leise aus ihrem Zimmer gehe und in Wirklichkeit liegen sie Nächte lang wach in ihren Bettchen und denken sich solche Fragen aus.

Heute Nachmittag zum Beispiel, bei unserem sonntäglichen Spaziergang, gingen wir sowohl beim Stephansdom als auch bei der Ruprechtskirche vorbei. Glauben Sie, das hätte meine Kinder interessiert? Nein! Bei irgendeiner Kirche, mitten im Häusergewirr, deren Name kein Schwein kennt, fragt Anna: „Papa, wie heißt diese Kirche…?“ Am liebsten hätte ich sie angebrüllt und ihr gesagt: „Hättest du mich nicht vor zehn Minuten nach dem Namen der Kirche fragen können, an der wir vorbei gegangen sind? Ich hätte dir erklären können, dass das die Ruprechtskirche ist und noch dazu hätte ich mit meinem Wissen glänzen können, dass das die älteste Kirche Wiens ist. Aber nein! Das interessiert dich überhaupt nicht. Es interessiert dich nur, deinen Papa bloßzustellen.

Ich habe sie natürlich nicht angebrüllt. Stattdessen habe ich einfach so getan, als hätte ich sie nicht gehört. „Papa, wie heißt diese Kirche…?“, versucht es Anna noch einmal. Ich nuschelte einige unverständliche Silben vor mich hin und nutze die Gelegenheit abzulenken, als ich meinen Freund Gerhard in etwa 20 m Entfernung erspähte. „Gerhard!“, rief ich, und begann ihn in ein Gespräch zu verwickeln, in der Hoffnung, dass Anna auf ihre Frage vergisst.

So ging es heute schon den ganzen Tag. „Wie viele Sterne gibt es?“ „Wo sind die Sterne unter Tags?“ „Gibt es mehr Sterne oder mehr Sandkörner auf der Welt?“ „Warum sind die Spagetti hart und warum werden sie weich, wenn man sie ins kochende Wasser gibt?“ Ja, bin ich denn Albert Einstein, dass ich das alles weiß? Heute Nachmittag hat Anna mir gezählte zweiundzwanzig Fragen gestellt, von denen ich keine einzige wirklich zufriedenstellend beantworten konnte. Ich weiß nicht, wie sie das schafft, aber fest steht: Sie ist in dieser Hinsicht ein ungeheuer begabtes und kreatives Kind.

Es ist Abend, ich sitze wieder einmal am Bett eines meiner Kinder, um eine Einschlafgeschichte zu erzählen. „Papa…?“, sagt Anna in dem Tonfall, den ich so gut kenne: Sodass das A am Ende kurz in seiner Frequenz ansteigt, um dann sofort wieder abzufallen, so dass jeder weiß: Jetzt kommt wieder eine Frage. „Wie viele Haare hat ein Mensch am Kopf…?“ „Ich weiß nicht…“, sage ich resignierend und in einem fast feindseligen Ton. Anna schaut mich mit ihren großen, sanften, graublauen Augen an. „Papa, gell, ich gehe dir auf die Nerven, wenn ich so viele Fragen stelle….?“

„Nein!“, sage ich jetzt in einem fast salbungsvollen und zärtlich-väterlichen Tonfall. „Frag so viel, wie du möchtest. Das ist ja wichtig, du musst ja schließlich noch so viel lernen…“

Die längste Gute Nacht-Geschichte der Welt

Es war einmal eine Geschichte. Sie war eine besondere Geschichte, sie war nämlich die längste Gute Nacht-Geschichte der Welt. Um sie seiner Tochter vorzulesen, würde ein Papa volle sieben Tage und sieben Nächte benötigen. Natürlich erzählt kein Papa auf der Welt eine so lange Gute Nacht-Geschichte. Papas erzählen Geschichten ja, damit ihre Kinder schneller einschlafen und außerdem haben Papas ja auch immer irgendwelche Ausreden wie „Ich muss arbeiten…!“ oder „Ich bin müde…!“ oder sonst etwas, ihr kennt das ja.

Das war auch der Grund, warum die Gute Nacht-Geschichte so traurig war. „Ich bin viel zu lang“, seufzte sie. „Nie wird mich ein Papa seinem Kind erzählen, was hat das Leben da noch für einen Sinn…?“

Die Geschichte wohnte in einem Buch, in einem ziemlich dicken Buch, wie ihr euch vielleicht vorstellen könnt. Dieses Buch stand in einem Bücherregal im Wohnzimmer und gehörte Frau Elisabeth Mayer. Frau Mayer war kein Kind mehr, was man wohl nicht eigens erwähnen müsste, denn sie hieße ja sonst nicht Frau Mayer, das ist klar, oder? Sie hatte es, als sie sechs Jahre alt war und noch nicht Elisabeth hieß, sondern Sissy, von ihrem Vater zu Weihnachten bekommen. Vorgelesen hat er es ihr natürlich nicht, die Geschichte war ja zu lang und Väter haben nun einmal nicht so viel Zeit.

Frau Mayers liebstes Hobby war Kaffeetrinken mit ihren Freundinnen Gudrun und Bettina. Als die drei heute im Wohnzimmer saßen und ihren Kaffee schlürften, sagte Bettina plötzlich: „Also wisst ihr, ich bin viel zu dick! Ich werde jetzt abnehmen!“

Die längste Gute Nacht-Geschichte der Welt spitzte die Ohren.
„Und wie willst du das anstellen?“, fragte Gudrun gerade noch rechtzeitig, bevor das Thema gewechselt wurde. „Nun ja, weniger essen, Gymnastik machen und joggen…!“ „Interessant!“, dachte die längste Gute Nacht-Geschichte. Essen war ohnedies keines ihrer großen Laster und so verließ sie ihr Buch und ließ ein ziemlich anstrengendes, tägliches Fitnessprogramm über sich ergehen. Sie joggte und machte Kniebeugen und Liegestütze und wirklich, nach zwei Wochen Training war sie nur mehr halb so lang.

Nach drei Wochen war sie sogar schon eine ausgesprochene Kurzgeschichte und als sie nach vier Wochen ihr Training beendete und in ihr Buch zurückkehrte war sie kaum mehr wiederzuerkennen…

Franz, der Bücherwurm mag keine Gute Nacht-Geschichten

Franz war ein Bücherwurm, und zwar ein sehr belesener Bücherwurm. Immerhin hatte er sich schon durch elf Bände von „Mayr`s Konversations-Lexikon gefressen, von „A“ bis „R“, also von „Aachen“ und „Aachener Friedensvertrag von siebzehnhundertsoundsoviel“ über die Kreuzzüge bis hin zur Relativitätstheorie. Er war dafür sehr angesehen in Bücherwurmkreisen. Vor einigen Wochen nun hatte er sich endlich Urlaub angesichts so viel Bildungsarbeit gegönnt, hatte sich einige Tage durch den „Neckermann Reisekatalog“ gefressen, wobei ihm vor allem die blauen Strände Griechenlands auf Seite 37 besonders zusagten.

Seit einigen Tagen jedoch plagten Franz Anfälle von Müdigkeit. Vielleicht lag es daran, dass er gerade dabei war, sich durch ein Gute Nacht-Geschichtenbuch zu fressen. Da war andauernd die Rede von Kindern, die müde waren und zu Bett gingen und vom Sandmännchen, das ihnen Sand in die Augen streute und lauter solches Zeug. Da war es ja schließlich kein Wunder, wenn man müde wurde, zu gähnen begann und letztendlich einschlief.

Nachdem er im dritten Anlauf die Geschichte auf Seite 16 überwunden hatte, in dem der Sandmann beim Mondstaubsammeln selbst eine Brise in die Augen abbekam und einschlief und die Kinder auf der Erde deshalb allesamt eine schlaflose Nacht verbringen mussten (man kann sich vorstellen, wie die wohl am darauffolgenden Morgen ausgesehen haben mögen), traf Franz auf Seite 19 seine Cousine Berta, genau bei der Geschichte, in der Prinzessin Sowieso, die nicht einschlafen konnte und dann doch noch von ihrer seltsamen Krankheit geheilt wurde. Berta, die jeden Abend mit ihren sechs Kindern hierher kam, um diesen das Einschlafen zu erleichtern, zeigte sich sehr erstaunt über die Anwesenheit Franzens, war sie doch der Ansicht gewesen, ein gebildeter Bücherwurm wie Franz hielte sich sicher doch nur in hochgeistigen Büchern auf.

Franz, der sich ertappt gefühlt hatte, bemühte sich eine mehr oder weniger glaubwürdige Ausrede zu erfinden, faselte etwas von „Versehen“ und „Irrtum“ und machte Anstrengungen, so schnell wie möglich zu verschwinden. Er verkniff sich dabei das Müde,werden sogar bei der Geschichte von „Sandmännchens Traum“ auf Seite achtundzwanzig und erreichte das angrenzende Buch im Regal bereits zwanzig Minuten später.

Das Buch, in das ihn seine Flucht da geführt hatte, enthielt eine äußerst spannende und fantasiereiche Geschichte. Ein gewisser Michael Ende hatte sie geschrieben und Franz konnte sich kaum daran sattfressen. Er fraß daran Tage und Wochen, doch es kam der Tag, da hielt er erschöpft inne. Nicht, dass ihn die Geschichte bereits gelangweilt hätte, doch der „Neckermann Urlaub“ lag schon eine Weile zurück und er fühlte sich erschöpft und die Geschichte schien nicht enden zu wollen. „Ach!“, seufzte Franz. „Dies hier scheint ja eine unendliche Geschichte zu sein!“ Und er wusste gar nicht, wie recht er damit hatte.

Adventkalender Diebe

Heute war der Nikolo da gewesen, wie jedes Jahr am 6. Dezember. Meine Kinder lieben den Nikolo. Meine Frau Sissy sagt zwar immer: „Muss denn der Nikolo jedes Jahr zu uns kommen?“ Er muss! Zu mir ist – als ich ein Kind war – nie der Nikolo gekommen! Zu meinen Kindern kommt er jedes Jahr, das wäre ja noch schöner...

Die Kinder hatten also ihre Nikolo Sackerln bekommen und alles ratzeputz aufgegessen. Bis auf die Nüsse natürlich, die mögen sie nicht so sehr, und bis auf die Datteln und Feigen. Und Mandarinen.... Aber die Schokolade hatten sie aufgegessen, da war nichts übriggeblieben.
Die schokoladeverschmierten Münder waren auch schon gewaschen, die Pyjamas angezogen und wir befanden uns in der für den Leser bereits bekannten Situation des abendlichen Zu-Bett-Bringens.

„Wenn ich groß bin, möchte ich auch Nikolaus werden!“, sagte Anna. „Wie willst du denn das machen?“, tönte Florians Stimme aus dem Nebenzimmer. Florian und Vanessa ließen die Türe zu ihrem Zimmer immer einen Spalt offen, wenn ich den Kleinen Gute Nacht-Geschichten erzählte. Sie gaben es nicht so gerne zu, aber sie wollten natürlich auch immer zuhören. „Du bist doch ein Mädchen, Anna!“, setzte Florian erklärend fort, „und Mädchen haben keinen Bart! Also können Mädchen auch nicht Nikolaus werden…“

„Macho!“, folgte sogleich Vanessas Stimme aus dem Nebenzimmer. „Mädchen können auch Automechanikerinnen werden und Managerinnen, also warum nicht auch Nikoläuse?“

„Papa“, sagt Anna, „bitte erzähle uns eine Geschichte, in der der Nikolo vorkommt, aber nicht der Student, der immer zu uns kommt, von der Pfarre, sondern der echte Nikolaus.“

„Ach, das ist ganz leicht“, entgegnete ich. „Ich kenne den echten Nikolo nämlich!“ „Wahrscheinlich ist er ein Bruder von dir…“, klang da wieder Vanessas Stimme aus dem Nebenzimmer. „Deshalb schaut er dir so ähnlich.“
(Einmal, als Florian und Vanessa klein waren, hatte ich den Versuch angestellt, selbst als Nikolo Geschenke zu bringen, die Kinder hatten die Ähnlichkeit sofort erkannt, deshalb überließ ich diese Aufgabe seitdem den semiprofessionellen Kollegen aus der nahegelegenen Pfarre.)

Ohne etwas zu erwidern, schloss ich die Türe. „Kennst du den echten Nikolo wirklich?", wollte Sophie wissen.

„Na wenn ich es dir doch sage", flunkerte ich. „Ich kenne nicht nur ihn, sondern seine ganze Familie! Seine Frau und auch seine Kinder!"

„Der Nikolo hat Kinder?", fragt Sophie.

„Na sicher, hast du das gar nicht gewusst? Sogar sieben!"

„Sieben Kinder?", fragte Anna aufgeregt.

„Ja", bestand ich, „sieben Kinder: sechs Buben und ein Mädchen! Der Nikolo nennt seine Buben die sechs Nikoläuschen. Die haben gar keine richtigen Namen, die heißen bloß: Nikoläuschen 1, Nikoläuschen 2, 3, 4, und so weiter, und das Mädchen heißt Nikolina."

Meine Kinder lauschten gespannt und mit weit aufgerissenen Augen und offenen Mündern meiner Geschichte. Davon hatten sie noch nie gehört. Ich hatte den Einstieg wieder einmal genial geschafft. Doch wie sollte die Geschichte weiter gehen?

„Also, die Buben durften dem Nikolo immer bei der Arbeit helfen und die Geschenke tragen. Nikolina hätte das auch gerne getan, aber der Nikolaus wollte das nicht erlauben. „Das ist aber gemein vom Nikolaus“, beschwerte sich Anna.

„So ein Macho…“, tönte es von Vanessas Zimmer. Die Türe hatte sich in der Zwischenzeit nämlich wie von Zauberhand wieder einen Spalt geöffnet.

„Warum hat der Nikolo nicht erlaubt, dass Nikolina mitgeht? Nur, weil sie ein Mädchen ist?“ „Wisst ihr, wenn die Nikoläuschen Geschenke austragen halfen, mussten sie Nikolo-Kostüme und einen falschen weißen Bart mit einem Gummi dran Tragen. Der Nikolo fand, dass sich das für ein Mädchen nicht schickte. Nikolina hatte es im letzten Jahr zwar probiert, hatte sich das rote Gewand übergeworfen und einen falschen Bart um das Kinn gehängt und sich unter ihre Brüder geschwindelt, doch der Nikolaus hatte sicherheitshalber beim Weggehen die Kinder noch einmal durchgezählt und war zu seinem Erstaunen auf sieben gekommen. Das überzählige siebente Nikoläuschen war natürlich schnell gefunden und so musste Nikolina auch an diesem Abend zu Hause bleiben.“

„Das ist wirklich gemein vom Nikolaus!“, sagt Sophie.

„Ja", erzählte ich weiter, „das hat Nikolina auch gedacht. Sie hat gewartet, bis der Nikolaus und die sechs Brüder das Haus verlassen hatten und ist dann noch nach draußen gegangen. Sie ging traurig durch die Straßen und ihre Gedanken waren bei den Nikoläusen. Wie gerne wäre sie mit ihnen auf Geschenke-Tour gegangen! Da hörte sie ein seltsames Geräusch. Es kam von dem gelben Haus von Frau Müller, dort, wo im Sommer immer die großen Sonnenblumen standen. Nikolina wandte sich in die Richtung und sah, wie gerade drei Männer aus einem Fenster kletterten. Vorsichtig folgte Nikolina den Männern, bis zur Krugerstraße 9. Dort betraten die Männer ein kleines, gelbes Haus. Ein fahles Licht fiel durchs Fenster, das zuvor noch dunkel und unbeleuchtet gewesen war und Nikolina presste ihre Nase nun vorsichtig an die Scheibe. Da sah sie die beiden Männer und hinter ihnen türmten sich hunderte Adventkalender. Nikolina hatte es geahnt: Das waren die Adventkalenderdiebe, die die kleine Stadt sein Anfang Dezember heimgesucht hatten. In allen Zeitungen waren diese seltsamen Diebstähle in die Schlagzeilen gekommen.

„Da wird Papa aber stolz auf mich sein!", dachte Nikolina. Sie lief durch die Straßen und es dauerte nicht lange und sie hatte den Nikolo-Arbeitstrupp gefunden. „Bitte nicht schimpfen, Papa", sagte sie schnell und erzählte dem Nikolo von ihrer Entdeckung. Der holte die Polizei und die wiederum schnappte die Adventkalenderdiebe in flagranti und brachte sie ins Gefängnis.

„Was machen die Adventkalenderdiebe eigentlich mit den vielen Adventkalendern?“, fragte Anna.

„Sie stehlen die Schokolade raus“, entgegne ich schlagfertig. „Und was machen sie dann damit?“, fragt Florian.

„Ach, ich habe keine Ahnung, vielleicht verkaufen sie sie oder sie essen sie auf, was weiß denn ich…? So, es ist schon spät, jetzt wird aber geschlafen!“, sagte ich jetzt mit gespielter Verärgerung. „Ich setze mich dann raus ins Wohnzimmer vor den Fernseher und passe auf, dass heute Nacht kein Adventkalenderdieb einen eurer Adventkalender plündert.“Dabei blicke ich Florian fest in die Augen und sage noch: „Gell, du verstehst, was ich meine, Florian…?“

„Adventkalenderdiebe…also, dem Papa fallen manchmal Sachen ein…“ hörte ich Vanessa noch in ihrem Zimmer murmeln, ehe ich mich in froher Erwartung des heutigen Fernsehabends zu meiner wohlverdienten Abendruhe zurückzog. Es sollte einen Krimi geben. Ich war schon gespannt, worum es darin ging…

Der Kampf mit den Monstern….

Ach, was war das heute wieder für ein Tag! Es ist Dezember, ich war mit unseren Kindern im Park. Haben Sie Kinder? Nein? Dann haben Sie wahrscheinlich wenig Ahnung davon, wie das ist, im Winter mit 4 Kindern in den Park zu gehen. Es ist nämlich nicht so, wie das im Fernsehen aussieht, wenn eine Familie mit ihren Kindern in den Park geht. Die Kinder ziehen sich nämlich in der Regel nicht selbständig an und warten ruhig bis alle fertig sind.

Die Realität sieht so aus: „Florian und Vanessa, zieht euch bitte den Overall an!“, lautet meine freundliche Bitte. Florian und Vanessa haben aber überhaupt keine Lust, den Overall anzuziehen, sie spielen lieber Fangen. Ok, dann beginne ich einfach bei den Kleinen. Also hinein mit Sophie in den Overall, Stiefel anziehen und zumachen, Fäustlinge, Schal, Haube, und es ist natürlich keineswegs so, dass Sophie brav da sitzt und das alles über sich ergehen lässt. Nein, die Situation gleicht eher einem Ringkampf, denn Sophie möchte auch mitspielen beim Fangen.

Nach zwanzig Minuten ist der Ringkampf aus, Papa ist Sieger. So, das selbe jetzt nun noch einmal mit Anna, hinein in den Overall, Stiefel, Fäustlinge, Schal,

Haube, noch einmal den Schal, weil sie mittlerweile beschlossen hat, wenn sie schon nicht Fangen mitspielen kann, doch wenigsten „Blinde Kuh“ zu spielen. Mittlerweile hat Sophie natürlich ihre Haube abgenommen weil ihr heiß war und ihre Handschuhe ausgezogen, einfach weil man ja mit Handschuhen schwer Kakao trinken kann. Der Kakao ist natürlich längst ausgeschüttet, die Handschuhe sind nass und der Kakao bedeckt die halbe Küche und den ganzen Küchenboden. Also: aufwischen und neue Handschuhe für Sophie holen.

Nach einem weiteren etwa vierzigminütigen Kampf sind die Kleinen jetzt angezogen und indem ich mich an dem immer noch andauernden Fangenspiel beteilige, gelingt es mir – diesmal in einer Rekordzeit von weniger als zwölf Minuten – auch Florian und Vanessa so weit zu haben, dass nun alle vier Kinder mit Overall, Stiefel, Haube, Handschuhe und Schal ordnungsgemäß adjustiert sind. Und das nach nicht einmal einstündigem Kampf. „Papa!“, beendet Sophie nun jäh meine Triumphgefühle, „Ich muss aufs Klo…!“ Also: Overall und Schal wieder ausziehen, wir beginnen einfach wieder von vorne…

Ich erzähle Ihnen das nur, damit sie ein realistisches Bild davon bekommen, wie es ist, Kinder zu haben.

Die sitzen nämlich nie brav an einem Tisch und unterhalten sich miteinander wie im TV bei der „Waltons Family“.

Es war ein typischer Nachmittag im Park. Der Weg zum Spielplatz war, abgesehen von einigen prekären Situationen, die ich hier unerwähnt lassen möchte, eigentlich wirklich schön. Vielleicht bis auf die Tatsache, dass Sophie im Streit mit einem anderem Kind das andere Kind in die Hand gebissen hat, Florian, wissen wollte, wie eine Wurstsemmel mit Matsch schmeckt und Anna deshalb gesagt hat, er soll davon kosten. Vanessa ist alle vier Schritte stehengeblieben und hat sich geweigert weiter zu gehen. Am Spielplatz sind die Kinder dann umher getobt, ich bin ihnen nachgejagt, habe für Sophie einen Schneemann gebaut, viermal, denn ebenso oft hat Florian ihn kaputt gemacht, habe zwei Thermosflaschen voll Tee verteilt und achtundvierzigmal den Kindern die Handschuhe wieder angezogen. Wir sind müde (zumindest ich) und zufrieden (zumindest ich) nach Hause gekommen. Nach den Vorwürfen von Sissy, warum die Kinder bis unter die Unterhosen hindurch nass sind und nachdem wir ihnen die Kleider gewechselt hatten, (Sie wissen schon: viermal Handschuhe aus, viermal Overalls aus, Pyjamas an, usw. – und dennoch, glauben Sie mir, es ist leichter ihnen nachzulaufen und es zu tun als zu warten, bis sie es selbst tun) saßen wir endlich beim Abendessen.

„Erzählst du uns noch eine Gute Nacht-Geschichte?“, riefen die Kinder unisono. Also brachtet ich sie zu Bett, deckte ein jedes zu, verteilte Gute Nacht-Küsse, setzte mich wie jeden Abend an den Bettrand von einem der kleinen Kinder und begann zu erzählen. Es muss diesmal eine sehr wirre Geschichte gewesen sein, denn die Müdigkeit hat mich an diesem Abend derart übermannt, dass ich gleich eingeschlafen bin. Vanessa hat mir am nächsten Morgen erzählt, dass ich ziemlich wirres Zeug gemurmelt haben soll. Von aussichtslosen Kämpfen mit Monstern und ähnlichem. Irgendwann, relativ schnell, ist das Murmeln dann in erschöpftes Schnarchen übergegangen und meine Kinder haben die äußerst humane Entscheidung getroffen, mich heute einfach schlafen zu lassen und ohne Vollendung der Gute Nacht-Geschichte einzuschlafen.

Offenbar waren die Kinder auch schon müde gewesen. Ich finde es fein, dass sie mich nicht aufgeweckt haben, sondern mich schlafen ließen. Andererseits: Ich hätte gerne mitbekommen, was ich da erzählt hatte, Sie wissen schon, die Geschichte vom Kampf mit den Monstern. Ich liebe nämlich Gute Nach-Geschichten, vor allem die, die ich meinen Kindern erzähle. Vielleicht schicke ich sie einmal sogar an eine Zeitschrift oder einen Verlag und mache ein Buch daraus…

Was tut man nicht alles für Seine Kinder

Mein Freund Erich ist Versicherungsmakler. Ich bin ein Versicherungsmuffel. Seit mehr als zwanzig Jahren versucht er mir eine Lebensversicherung aufzuschwatzen. Er appelliert dabei vor allem an mein Verantwortungsgefühl als Vater. Bis gestern war mein Abwehrkampf erfolgreich.

Gestern traf ich Erich auf einem Geburtstagsfest und ich hatte mich darauf gefreut, meinen Freund wieder einmal zu sehen. Er aber konnte es nicht lassen: „Ich finde es einfach verantwortungslos von dir, dass du keine Lebensversicherung hast“, begann er wieder. “Du bist Vater von 4 Kindern, stell dir einmal vor, wenn dir etwas passiert, deine Frau steht plötzlich mittellos da. Das kann dir doch nicht egal sein!“

„Schau Erich“, argumentierte ich, „Du weißt es ganz genau, ich bin kein Freund von Versicherungen. Ich besitze außer einer Haftpflichtversicherung für mein Auto keinerlei Versicherungen. Und selbst diese Versicherung habe ich nur, weil mich der Staat dazu zwingt. Eine Lebensversicherung ist so ziemlich das letzte, das ich unterschreiben würde. Genau genommen ist ja eine Lebensversicherung so etwas wie eine

Wette, bei der die Versicherung darauf wettet, dass ich die Laufzeit überlebe und ich auf meinen Tod wette. Wenn ich überlebe, gewinnt die Versicherung das ganze Kapital, wenn ich sterbe, gewinne ich die Versicherungssumme. Sei mir nicht böse: Wer ist schon so blöd und wettet auf seinen eigenen Tod?“

„Na gut, dann überlege doch wenigstens ob du nicht eine Haushaltsversicherung brauchst….. Stell dir vor, was alles passieren könnte…..“ „Halte mich bitte nicht für dumm, Erich. Du weißt ganz genau: Es ist wie im Casino. Gegen die Bank und gegen die Versicherung kann man nicht gewinnen. Auch eine Haushalts-Versicherung ist eine Wette. Nur: Die Versicherung kennt die Bedingungen viel, viel besser als ich. Sie hat hunderte Versicherungs-Mathematiker angestellt, die Chancen und Risken miteinander aufrechnen. Und die haben das an der Universität gelernt! Die Quote dieser Wette, die die Versicherung so berechnet, ist letztlich immer nur zu ihrem Vorteil.“

„Ja, aber überall wird heutzutage eingebrochen. Stell dir vor, Diebe dringen in deine Wohnung ein, stehlen dir alle Wertgegenstände, oder deine Wohnung brennt ab. Du stehst ohne jeden Versicherungsschutz da, ohne jede Sicherheit…!

„Stell dir vor, stell, dir vor…., das ist kein Argument! Stell dir vor, was passiert, wenn nichts passiert, dann habe ich zwanzig Jahre meines Lebens die Prämien umsonst bezahlt. Rechne dir das aus, das macht bei einer Monatsprämie von siebzig Euro in zwanzig Jahren eine Summe von satten zwanzigtausend Euro aus, wenn ich dieses Geld einigermaßen gut anlege, entspricht das am Ende einer Summe von gut dreiunddreißigtausend Euro. Und wenn kein Schadensfall eintritt: Alles umsonst! Nur, damit deine Versicherung ein Geschäft macht! Ich bin doch nicht blöd. Du siehst: Du kannst es drehen und wenden, wie du willst, eine Versicherung ist letztlich eine Wette, bei der ich nur verlieren kann. Entweder der Schadensfall tritt ein, dann habe ich verloren, oder er tritt nicht ein, dann habe ich auch verloren."

„Wenn ich keine Versicherung abschließe, habe ich wenigstens die Chance zu gewinnen, und im oben beschriebenen Fall gar nicht wenig: Dreiunddreißigtausend Euro! Wo hat man denn die Chance, so leicht so viel Geld zu gewinnen? Stell dir vor, die vielen Versicherungen, die ich in meinem Leben n i c h t abgeschlossen habe, wie viel Geld ich da bereits gewonnen habe, eigentlich müsste ich da schon längst stinkreich sein."

„Du bist wirklich eine harte Nuss“, konstatierte Erich. „Aber“, warf er dann noch einmal mit letzter Kraft ein Argument in die Waagschale, „Stell dir einmal vor, alle Menschen in diesem Land würden so denken wie du. Die Versicherungen würden keine Verträge mehr verkaufen. Die Aktienkurse würden ins Bodenlose fallen, die Arbeitslosigkeit würde steigen. Gegen die Auswirkungen davon wäre der Konkurs von „Lehman Brothers“ ein „Lercherlschas“. Die Spirale von Verfall der Aktienmärkte und Steigerung der Arbeitslosenzahlen würde ungeahnte Ausmaße annehmen, deine 4 Kinder hätten bald keine Chance mehr, einen Job zu finden. Und du bist schuld daran. Willst du das wirklich?“

Natürlich will ich das nicht. Wo Erich recht hat, hat er recht. Ich unterschrieb also eine Lebensversicherung für mich, meine Tante Mizi und meinen Cousin 3. Grades Rudolf, eine Zusatzversicherung, eine Unfallversicherung für meine Frau, für mich und für unsere 4 Kinder sowie für unseren Kanarienvogel „Burli“, eine Zusatzversicherung zur Zusatzversicherung, ein Insassenunfall-Versicherung, eine Haushaltsversicherung für unsere Wohnung und für das Zelt, in dem wir jeden Sommer 2 Tage campen, eine Berufshaftpflichtversicherung und zwei Bausparverträge. Was tut man nicht alles für seine Kinder…?

Psycho-Test:
„Bin ich ein guter Papa?"

Die Kinder schlafen schon. Ich sitze in meinem Arbeitszimmer und lasse den Tag bei der Lektüre eines Magazins ausklingen. Auf Seite 5 gibt es regelmäßig interessante Psychotests. Ich nehme an, Sie kennen diese Art Test: „Können Sie sich durchsetzen?" „Sind Sie ein liebevoller Partner?" „Sind Sie schüchtern?"

Warum gibt es eigentlich keine Psychotests für Papas? Ich weiß schon: Unter einem Vaterschaftstest stellt man sich in der Regel etwas anderes vor. Aber so ein Test könnte zum Beispiel den Titel tragen: „Bin ich ein guter Papa?" und er könnte in etwa so aussehen:

Psychotest: „Bin Ich ein guter Papa?“

1. Sie sind…:

a)	ein Mann	20 Punkte
b)	eine Frau	0 Punkte
c)	weder noch	0 Punkte
d)	ich habe schon längere Zeit nicht mehr nachgeschaut.	1 Punkt

2. Sie sind Vater von…:

a)	einem Kind	1 Punkte
b)	zwei Kindern	2 Punkte
c)	mehr als zwei Kindern	5 Punkte
d)	Ich habe überhaupt keine Kinder, ich bin ja nicht verrückt. Ich mache diesen Test nur, weil mir fad ist.	0 Punkte

3. Sie sind ein Exemplar der Gattung „Neuer Mann“, der im Haushalt und in der Kindererziehung Fifty-Fifty, na Sie wissen schon…

a)	Mit dieser Spezies verhält es sich wie mit den Yetis: Alle reden von ihm, keiner hat ihn je gesehen.	0 Punkte

b) Wir haben in unserer Ehe eine klare Aufgabenteilung. Ich muss nur zwei Dinge tun: Den Mistkübel runtertragen und alles was meine Frau mir anschafft. 0 Punkte

4. Ihnen fällt eine Broschüre einer Volkshochschule in die Hände. Darin finden sie einen Elternkursmit dem Titel „In 10 Schritten zur Super-Nany". Was tun sie?

a) Ich melde mich umgehend an 5 Punkte
b) Ich würde den Kurs gerne besuchen. Nachdem es sich aber um einen Abendkurs handelt, entscheide ich mich dafür den Kurs nicht zu besuchen, sondern mir stattdessen einen Erziehungsratgeber zu kaufen. Ich muss ja abends daheim sein um meinen Kindern Gute-Nacht-Geschichten zu erzählen. 12 Punkte
c) Ich schicke meine Frau hin. Kindererziehung ist doch schließlich Frauensache. 0 Punkte

5. Eines meiner Kinder weckt mich an einem Sonntagmorgen um viertel sieben Uhr auf, weil es Hunger hat.

a)	Ich schreie das Kind an. So etwas lasse ich gar nicht erst einreißen...	0 Punkte
b)	Ich stelle mich schlafend!	3 Punkte
c)	Ich stehe auf und mache liebevolle das Frühstück	30 Punkte
d)	Ich wecke meine Frau auf und schicke sie in die Küche	5 Punkte

6. Erzählen Sie Ihren Kindern regelmäßig Gute Nacht Geschichten?

a)	Nein, Ich lese Ihnen dafür aber allabendlich die Börsenberichte und den Sportteil der Tageszeitung vor.	0 Punkte
b)	Nein. Ich drücke Ihnen ein Buch in die Hand, das sollen sie selber lesen. Sie müssen ja schließlich lesen lernen.	30 Punkte
c)	Natürlich bringe ich meine Kinder täglich zu Bett und erzähle literarisch äußerst hochwertige Gute-Nacht-Geschichten, die ich selbst erfinde.	132 Punkte

Auswertung:

21 bis 24 Punkte: „*Geben Sie's auf...*"
Sie sind ein erbärmlicher Vater. Falls Sie wirklich Kinder haben, verlassen Sie das Haus und wandern Sie in ein fremdes Land aus. Zahlen Sie brav Ihre Alimente, aber lassen Sie bitte die Finger von den Kindern. Die Mutter kann deren Erziehung vermutlich viel besser gewährleisten.

24 bis 172 Punkte: „*Ganz passabel...*"
Sie sind ein ganz passabler Papa! Sie bringen sich gelegentlich in die Erziehung Ihrer Sprösslinge ein, könnten hier aber durchaus mehr Engagement zeigen, zum Beispiel, indem Sie sonntags einmal liebevoll das Frühstück für Ihre Familie zubereiten.

156 bis 172 Punkte: „*Wundervoll!*"
Sie sind ein wundervoller Vater! Sie haben die Frage 6 mit Ja beantwortet!!! Was können sich Kinder mehr wünschen, als einen Papa, wie Sie einer sind…?

173 bis 300 Punkte: „*Teilleistungsstörung*"
Es kann sein, dass Sie ein guter Vater sind, aber: Sie können nicht rechnen! Die höchste erreichbare Punktezahl war nämlich 172!

Wenn Väter frei haben

Die Wegis sind unsere Nachbarn. Genauer gesagt wohnt die Familie Wegrosek zwei Stockwerke oberhalb von uns. Ihre Kinder sind etwa im gleichen Alter wie unsere und zwischen den beiden Wohnungen herrscht ein stetes Kommen und Gehen der Kinder. Wir sind wirklich gute Freunde geworden, und ich mag die Gerhard und Gundula sehr. Aber es gibt etwas an ihnen, das kann ich nicht leiden: Sie müssen uns immer übertrumpfen! Wenn wir ein Auto kaufen, kaufen sie mit Sicherheit kurz darauf ein viel größeres. Wenn ich einen Schnupfen habe, übertrumpft mich einer der beiden garantiert mit einer Lungenentzündung oder mindestens mit einer schweren Grippe samt Bronchitis und 40 Grad Fieber. Bei der Anzahl der Kinder lagen wir 4:3 in Führung. Es hat aber nicht lange gedauert, da haben Gerhard und Gundula auch hier auf 4:4 ausgeglichen. Mittlerweile liegen sie mit 5:4 in Führung.

Heute haben Gundula und meine wundervolle Frau Sissy sich etwas ausgedacht.: Es war wirklich rührend, sie haben Gerhard und mir heute Abend „Väter-frei“ gegeben, weil wir uns immer nach der Arbeit sofort ins Familienleben stürzen, ohne je die Möglichkeit zu haben auch nur ein bisschen auszuspannen oder etwas für uns selbst zu tun.

Gerhard und ich beschlossen, gemeinsam ins Kino zu gehen. Wir wussten nur mehr aus ferner Erinnerung, dass es so etwas wie Kinos gibt. Wir beschlossen, uns „Sister Act“ anzusehen. In diesem Film spielt Whoopi Goldberg ein Showgirl, das sich vor Gangstern in einem Kloster versteckt. Bei der Szene, in der die Schwester Oberin ihr ihre einfache Klosterzelle zeigte, in der sie die nächste Zeit verbringen sollte, und Whoopi völlig verzweifelt und verständnislos reagiert, trafen sich Gerhards und mein Blick. Wir mussten lächeln: Wir hatten offenbar – ohne darüber zu sprechen – den gleichen Gedanken gehabt: „Wie schön wäre es einmal dem Anforderungen des Alltags und der Familie zu entfliehen und sich in eine solche „Zelle“ zurückzuziehen, drei Tage lang nichts hören und nichts sehen, drei Tage lang kein Kindergeschrei, drei Tage, an denen niemand etwas von dir will…

Nach dem Ende des Films standen wir vor dem Kino und ich fragte Gerhard: „Was unternehmen wir noch? Gehen wir noch auf ein Bier und ein paar Takte Musik ins ‚Jazzland‘ oder ins ‚Porgy and Bess‘?“ Gerhard war ein riesiger Jazzfan. Umso mehr erstaunte mich seine Antwort: „Sei bitte nicht böse. So sehr ich mich auf den Abend gefreut habe, so sehr geht mir meine Familie ab. Wenn ich mir vorstelle wie sie jetzt wohl beim Abendessen zusammensitzen, und ich bin nicht dabei, kann ich gar keine rechte Freude entwickeln noch irgendwohin zu gehen.“

Ich konnte Gerhard verstehen. Als wir jünger waren, hatten wir beide viel für Musik übrig, besuchten Konzerte und Musikfestivals, hatten lange Haare und genossen unser Leben. Doch irgendwie waren wir im Laufe der Zeit offenbar zu richtigen „Familienkrüppeln“ mutiert.

„Schade“, sagte ich scheinheilig. “Ich wäre gern noch ins ‚Porgy and Bess‘ gegangen“. Das war aber gelogen. Denn insgeheim war ich froh, nach Hause zu kommen. Ich war einfach zu müde, um noch etwas zu unternehmen. Und wer weiß, vielleicht schaffte ich es sogar auch noch rechtzeitig nach Hause zu kommen, um den Kindern eine Einschlafgeschichte vorzulesen…

Ein harmonischer Geburtstag

Ich wecke unsere Kinder jeden Morgen auf. „Auf, auf Ihr Hasen, hört Ihr nicht den Jäger blasen?“, flüstere ich leise. Wenn das keine Wirkung zeigt, sage ich: „Alles Einsteigen, der Zug zum Frühstückstisch fährt in einer Minute ab. Tuuut!“ Dann nehme ich nacheinander jedes der Kinder Huckepack und trage es an meinem Rücken gehängt unter Begleitung eines „Tsch-tsch-tsch“ in die Küche zum gedeckten Frühstückstisch. Gelegentlich stoße ich dabei noch ein lautes „Tuuuut“ heraus.

Andere Väter gehen joggen. Das ist eben mein Morgensport. Heute ist aber ein besonderer Tag: Sophies vierter Geburtstag. „Bitte einsteigen“, stehe ich vor Sophies Bett, „Geburtstagsexpress zum Frühstückstisch“. Und während Sophie fröhlich glucksend an meinem Rücken hängt, fällt mein Tsch-tsch-tsch an diesem Morgen besonders engagiert aus und mein Tuten ganz besonders laut und ausdrucksvoll.

Es war ein schöner Tag, es war Samstag, wir frühstückten in Ruhe. Wir aßen vom Geburtstagskuchen, verbrachten den Vormittag gemütlich im Pyjama, Sophie spielte mit der „Sonnenschein Barbie“, die sie zum Geburtstag bekommen hatte. Die Kinder spielten friedlich und einträchtig miteinander. „Meinst du, sie sind krank?“, flüsterte ich Sissy zu. Ich befürchtete wirklich schlimmes ob ihres außergewöhnlichen Verhaltens. Sissy hatte zu Mittag wundervoll gekocht und auch der Nachmittag war ruhig abgelaufen. Ich fand sogar Zeit, mich für eine dreiviertel Stunde ins Schlafzimmer auf mein Bett zurückzuziehen. Jetzt war es Abend und die friedliche Stimmung hatte bis jetzt angehalten.

Die Kinder hatten sich heute bereits nach der zwölften Aufforderung selbst und völlig freiwillig ihre Pyjamas angezogen und wir saßen alle fünf an Sophies Bett. Nachdem ich heute ohnehin keinen besonders guten Einfall für eine Gute Nacht-Geschichte hatte (das Grillhendl vom Mittagessen und die letzten zwei Stück von der Geburtstagstorte, die ich mir nach dem Abendessen noch hineingeschoben hatte, lagen schwer in meinem Magen), schlug ich vor, dass wir heute einmal – zu Ehren von Sophies Geburtstag – Sophie alle gemeinsam eine Gute Nacht-Geschichte erzählen. Einer beginnt, und irgendwann erzählt der nächst weiter.

„Super“, freute sich Sophie. „Du hast heute wohl keine Lust, eine Geschichte zu erzählen?“ ätzte Vanessa, die mich offenbar durchschaut hatte. „Ich beginne“, sagte Anna und das gab mir die Gelegenheit gleich einmal einen Eindruck zu gewinnen ob mein „Meister-Gen“ in Bezug auf Geschichtenerzählen sich auf meine Kinder vererbt hatte.

Schon der Beginn konnte sich sehen lassen. „Es war einmal“, sagte Anna selbstbewusst und entschlossen, „ein kleiner Teddybär. Es war, genauer gesagt, ein Teddybären-Mädchen und hieß Pia. Pia hatte heute ihren vierten Geburtstag.“ „Genau wie ich!“, strahlte Sophie. „Ja, und weil sie Geburtstag hatte, stand am Geburtstagstisch eine Tasse mit leckerem Kakao und eine Geburtstagstorte“, setzte Vanessa fort. „Es war eine Schokoladetorte und darauf waren laute bunte Gummibärchen. „Genau wie bei mir!“, sagte Sophie wieder voller Erstaunen. „Und in dem Päckchen das sie auspackte, befand sich genau die ‚Sonnenschein Barbie‘, die sie sich schon die ganze Zeit gewünscht hatte.“

„Das ist ja alles genauso wie bei mir!“, sagte Sophie völlig verdutzt. „Ja, so ein Zufall aber auch“, brachte sich Florian in seiner gewohnt trockenen und sarkastischen Art in das Gespräch ein. Nun war Florian an der Reihe und er ließ die Geschichte im Handumdrehen zu einer ausgesprochenen Kurzgeschichte mutieren, indem er fortsetzte: „Und Pia spielte den ganzen Nachmittag mit der Puppe und am Abend kamen der Papa und die Geschwister und die erzählten ihr eine wunderschöne Gute Nacht- Geschichte." „Genau wie bei mir!", sagte Sophie abermals und grinste dabei zufrieden wie ein frisch gestrichenes Schaukelpferd.

„Gute Nacht! Und noch einmal alles Gute zum Geburtstag", sagte Anna und gab ihrer Schwester einen Kuss auf die Wange. „Gute Nacht, kleine Schwester", sagte Vanessa und strich Sophie mit ihrer Hand zärtlich über Sophies Gesicht.

„Gute Nacht, Sophie", sagte Florian liebevoll. „Du musst jetzt nur mehr dreihundertfünfundsechzigmal schlafen, dann hast du wieder Geburtstag." „Dreihundertfünfundsechzigmal? Ist das oft?", fragte Sophie.

„Gute Nacht, Sophie", sagte nun auch ich und gab meiner jüngsten Tochter einen Kuss auf die Stirn. Kopfschüttelnd verließ ich das Zimmer. Ich machte mir große Sorgen. Was war mit meinen Kindern passiert? Waren sie krank? Vielleicht handelte es sich um eine neuartige Viruserkrankung, die Teile des kindlichen Gehirns angriff und zu Persönlichkeitsveränderung führte. Wenn sich ihr Verhalten bis morgen nicht normalisiert, würde ich sie am Montag von der Schule zu Hause lassen, würde sie dann schnappen und mit ihnen noch am selben Tag zu unserer Hausärztin fahren.

Aber vielleicht würde es morgen ohnehin wieder ein ganz normaler Tag mit den Kindern werden. Sie würden sich alle zwei Minuten über irgendetwas beschweren, mindestens eine Vase und drei Gläser würden zu Bruch gehen, die Kinder würden sich alle drei Minuten mit einem dringenden Wunsch an ihre Eltern wenden, sie würden den Teppich mit Himbeersaft übergießen, es würde ein Tag mit Weinen und Streit werden und mit allem, was eben so dazu gehört, wenn man mit Kindern lebt.

Die letzte Gute Nacht-Geschichte

Wieder einmal hatte ich mich, nach vielem Stöhnen und Wehklagen über meine Müdigkeit, von den Kindern überreden lassen, ihnen – wie fast allabendlich – eine Einschlafgeschichte zu erzählen. Ich saß am Rand von Annas Bett und hatte eben meine Geschichte beendet, hatte "Gute Nacht!" gesagt und jedem der Kindern einen Kuss auf die Wange gedrückt.

"Papa", sagte Anna, "Ab heute musst du uns keine Gute Nacht-Geschichten mehr erzählen. Weißt du, wir sind schon groß, wir brauchen das nicht mehr…"

Ich stand da, wie vom Blitz getroffen. Doch Gott sei Dank tauchte da auch gleich ein Hoffnungsschimmer am Horizont auf. "Aber Sophie,", sagte ich hoffnungsvoll. "Sophie ist doch noch nicht zu alt. Gell Sophie, du brauchst meine Gute Nacht-Geschichten noch, sonst kannst du nicht einschlafen, stimmt´s?", fragte ich im eindringlichsten Tonfall, den ich zustande brachte.

"Ach nein, Papa", meinte Sophie, „Du musst uns keine Geschichten mehr erzählen. Du bist doch immer so müde…“

"Nun ja ", dachte ich, "Auch gut!" Ich werde es eben so machen wie die Kinder, wenn sie etwas von mir wollen: Morgen erzähle ich eine letzte Gute Nacht-Geschichte, übermorgen eine allerletzte, dann eine allerallerletzte – und so weiter. So konnte ich bestimmt einige Wochen Zeit gewinnen.

Und wenn sie dann wirklich keine Gute Nacht-Geschichten mehr hören wollen? Naja, dann müssen sie eben! Immerhin habe ich mich jahrelang unter Aufbietung meiner letzten Kraftreserven und trotz der großen, allabendlichen Müdigkeit immer wieder überwunden, habe sie liebevoll zu Bett gebracht und ihnen noch eine Geschichte erzählt. Da werden sie sich doch wohl noch eine Weile Zeit lassen können mit dem Großwerden, da werden sie doch noch eine Weile voll Dankbarkeit und Interesse meinen Gute Nacht-Geschichten lauschen! Das wird man doch noch von seinen Kindern verlangen können, oder…?

ISBN 978-3-7450-4669-4

9 783745 046694 00002

www.epubli.de